**meia
palavra
basta**

meia palavra basta

Francisco Bosco

1ª edição

EDITORA RECORD
RIO DE JANEIRO • SÃO PAULO

2024

para Iolanda, Lourenço e Madalena

Le secret d'ennuyer est celui de tout dire.

[O segredo de entediar é dizer tudo.]

VOLTAIRE

Distraído é o sujeito que anda sempre muito concentrado em *outra coisa*.

A forma custa caro; a ideia não tem preço.

A pretensão é a ambição ignorante.

Não tem nada mais irritante que uma pessoa contar que sonhou com você, com um ar preocupado, pois no sonho "você estava triste, precisando de ajuda" – como se esse sonho tivesse a ver com a sua vida, e não com a *dela*!

Paradoxo temporal da ressaca: *hoje, só amanhã.*

"A História dirá." Como se a história fosse um ponto, em algum lugar do futuro, capaz de fazer um juízo objetivo e pacificar o passado – e não um desdobrar de disputas narrativas sem trégua sobre um passado eternamente instável.

"Me decepcionei com você." A esse comentário,
a única resposta decente é: "Problema é seu."
É preciso estar atento contra as tentativas
de *controle pelo narcisismo*. Funciona assim:
a pessoa enaltece em você qualidades e
condutas que interessam ao desejo dela.
E assim espera que você se comporte da
maneira que, no fundo, é vantajosa para ela.
Tenta prendê-lo por uma imagem. Mas essa
imagem de você foi feita à semelhança do desejo
dela, e não necessariamente do seu. Então,
se você age em desacordo com essa imagem,
vem a moralização vitimada: "Me decepcionei
com você." Pois bem: "Problema é seu."

"Piranha" é a amiga do meu marido que eu não
conheço.

O amor gosta de se relacionar com o lado conhecido do outro; o sexo, com o desconhecido.

O filósofo não é quem responde à pergunta, mas quem *pergunta* a pergunta.

Só há duas maneiras alegres de se relacionar com tarefas: *alienar-se* ou *dominá-las*. Ou você as terceiriza (e assim delega a relação para outro) ou as encara até o ponto de conhecê-las intimamente. O conhecimento profundo, de qualquer coisa, da contabilidade à faxina, é alegre, pois por meio dele nos tornamos ativos. Ao contrário, a incompetência, passiva em alto grau, não produz apenas um resultado ineficaz, mas também um processo infeliz.

A regra é clara. Mas o jogo é turvo.

Quem foi melhor, Pelé ou Messi? Comparar com precisão jogadores de diferentes épocas é teoricamente impossível: as condições gerais do jogo em cada época, os contextos em relação aos quais se desenvolvem e se avaliam as técnicas são diferentes, e logo essas últimas são, na acepção rigorosa da palavra, *incomensuráveis*.

Quem chama de pedante alguém que escreve "difícil" (difícil *para quem?*) mobiliza um álibi moral para uma reação, no fundo, imaginária: sente-se diminuído porque sua incompreensão revela sua ignorância – e procura recalcar isso projetando no outro seu sentimento de inferioridade. De resto, é absurdo moralizar o que não se compreende.

O contemporâneo é arrogante; o passado
é ressentido.

Uma viagem começa a dar certo quando alguma
coisa dá errado.

A categoria do *chato provisório* é formada por três tipos: o bêbado, o apaixonado e os pais de recém-nascido. Só os suporta quem está no mesmo estado.

Por que corrigir provas é o martírio dos professores? Porque o que foi escrito sem desejo só pode ser lido sem desejo.

O ensaio veste blazer,
a crônica vai de chinelo,
o tratado enverga fraque
e cartola, o artigo usa terno
puído, o romance é um bazar
– e a poesia está nua.

O que é um escritor?
É quem enxerga o escuro
com as luzes acesas.

Lógica da desculpa: desculpar-se de má vontade é uma forma de *aprofundar* a ofensa. Só a verdadeira humildade permite que o ofendido tenha a sua dor reconhecida e possa assim perdoar o ofensor.

Síndrome do dedo podre: as melhores pessoas são as piores.

O moralista é um idealista da impureza. Nutre
verdadeira adoração pelo erro – dos outros, claro.

Geralmente quem tem medo de assumir que
gosta de baixa cultura é quem no fundo não
sabe por que é boa a alta cultura.

Brigar por futebol parece a princípio a coisa mais estúpida do mundo: o time pelo qual você torce nada diz a seu respeito, defendê-lo não significa defender posições morais, políticas, culturais. Brigar por futebol seria então uma discórdia cheia de som e fúria significando nada – não fosse a notável e inglória capacidade que temos de transformar qualquer identificação em uma parte inegociável do nosso eu. Trocando em miúdos: ninguém briga pelo Flamengo, todos brigam por seus eus.

A tendência a torcer pelo mais fraco tem duas explicações, uma na psicanálise, outra na teoria da informação: escolhe-se o pior por compensação narcísica (sentir-se menos inferior por meio do rebaixamento do superior) e por ganho informacional (quanto mais imprevisto o resultado, maior a informação).

"Afinal, o que as mulheres querem?" Como se se soubesse o que querem os homens! Na verdade, trata-se de controle patriarcal por meio de certa *imagem do desejo* – estável, previsível, domesticável – que aos homens interessa que as mulheres realizem.

É falsa a polêmica em que os termos opostos são igualmente senso comum.

O que hoje se chama de "culto ao corpo" é
sobretudo um culto ao narcisismo. O verdadeiro
culto ao corpo consiste em explorar e realizar
suas infinitas e desconhecidas potências.
Nesse sentido, corpo belo é aquele que apresenta
os traços dessa realização (por exemplo, o corpo
rijo e flexível de um bailarino). Já o "corpo belo"
dos spinnings e supinos é, ao contrário, resultado do
corpo mecanizado, reduzido em suas
possibilidades. Aparentemente, são corpos
semelhantes (definidos e tonificados), mas as
práticas de que resultam são opostas.
Na primeira, o fundamento da beleza decorre
de uma ética da existência: tornar o corpo
liberado. A forma desse corpo resulta do trabalho
enquanto autorrealização. Já a forma do outro
corpo resulta do trabalho repetitivo
e alienado como o labor industrial, e não por
acaso se costuma chamá-lo de "corpo
trabalhado". Nele, a ética liberadora é abolida em
nome de sua finalidade meramente visível,
fenomenológica (abdomes definidos, glúteos
torneados), e assim a beleza se repete como farsa.

O contentamento é narcísico, a alegria
é impessoal.

Quando alguém se torna um escritor? Quando finalmente está insatisfeito.

Um sujeito recalcado: aquele que se ofende com o desejo do *outro*. Cena de um filme de Woody Allen: "Como assim?! Você mal me conhece e tá me propondo transar com você? Quem você pensa que é?!" Naturalmente, o desejo do outro só provoca reações ofendidas em quem de repente se vê obrigado a reconhecer o *próprio* desejo.

A monogamia ocupa um lugar simbólico análogo ao das drogas na nossa sociedade: uma mistura de tabu e hipocrisia. As drogas, muita gente nega, mas quase todo mundo usa; a monogamia, muita gente exige, mas quase todo mundo descumpre.

Há dois defeitos estéticos imperdoáveis. 1) A duplicação: declamar com tristeza um poema que fala de coisas tristes ou repetir com gestos o que as palavras já estão dizendo. A duplicação está para a estética como o enjoo para o estômago: é um excesso que dá náuseas. 2) O *fake*: pretender ser o que não é.

"Você costuma tratar filosoficamente de problemas triviais. Sofre algum patrulhamento do universo acadêmico por isso?" Se sofresse, bastaria lembrar que a academia *não é* o universo.

Millôr: "Chato é o indivíduo que tem mais interesse em nós do que nós nele." Metido é o indivíduo que tem menos.

Conhecer profundamente alguém é conhecer sua neurose. Por isso, pode-se nunca conhecer profundamente um amigo, mas nunca se pode *não conhecer* profundamente um cônjuge: nas relações pessoais, a neurose é privilégio do amor.

Metafísica da admiração: idealizar alguém é não enxergar sua neurose.

A felicidade da forma é perfeita; a do conceito, imperfeita.

"Nada em excesso" – inclusive esse preceito.

O que define o ensaísmo é sua *inconsequência*. Mesmo quando ele se inscreve em uma disciplina, o seu compromisso não é o de levar os métodos ou os conceitos dessa disciplina adiante; o compromisso é com o seu objeto. Um especialista está comprometido com certo território conceitual; um ensaísta está comprometido com certos problemas singulares, podendo valer-se de conceitos de territórios diversos para compreender esses problemas. É assim que ensaístas não costumam ser disciplinares, nem mesmo transdisciplinares, e sim *indisciplinares* (mas não indisciplinados, porque o trabalho do conhecimento lhes é essencial). Não lhes interessa colocar disciplinas em contato, mas compreender certos problemas: ora, conceitos pertencem a disciplinas, mas os problemas que eles ajudam a compreender pertencem à vida, que é indisciplinar – e indisciplinada.

"Por que você não faz análise?" Porque me dei baixa.

O homem feio é o mais poético dos amantes heterossexuais. Mas sua exaltação do feminino refere-se menos à mulher que efetivamente está com ele do que ao mero fato de haver uma mulher (e que o deseja): no fundo, o homem feio é um amante místico.

O que um filho deve fazer para perdoar os pais? Ter filhos.

**Máximas:
a arte de abolir
contextos.**

Ler máximas: a arte de restituí-los.

O cônjuge não é a única pessoa que se ama,
é antes a única pessoa que se odeia (só se odeia
aquele a quem se está irremediavelmente
atrelado – *et pour cause*).

Ser e tempo: é preciso simultaneamente
desconfiar do contemporâneo e abrir-se a ele.

O equívoco que costuma sustentar a arte
interativa é o de que é melhor ser igual
aos outros do que diferente de si mesmo.

Quem não teme não deve. O provérbio tradicional,
de fórmula contrária, não passa de uma
tentativa de controle.

Dançar é encarnar o sentido.

Uma das provas da natureza narcísica do ciúme
é quando se fica incomodado meramente por
causa da manifestação do desejo de um terceiro
pela pessoa que se ama. Basta que ela seja
desejada explicitamente para nos sentirmos
não reconhecidos por quem a deseja.
Produz menos ciúme, pois, quem quer que seja
o terceiro, não nos será imaginariamente tão
importante quanto a pessoa que amamos.
Não ocupará tanto o centro de nossa
autoimagem. Mas incomoda, numa escala
progressiva que vai do totalmente estranho
ao amigo mais íntimo.

Sentir ciúme e ser objeto dele são duas formas de tristeza: uma atinge o amor-próprio; a outra, a liberdade.

O paranoico interpreta o mundo como aqueles carrinhos defeituosos de aeroporto que teimam em ir para um lado só.

O narcisismo é a maior armadilha
da experiência parental. O desamparo de um
bebê propicia aos pais sentirem a sua existência
justificada. Nenhum adulto, nem mesmo uma
criança já crescida, poderá amar com a força
e a pureza do desamparo. Um bebê não tem
ainda um eu; ele o está formando, e por meio
do eu dos pais. *Amar sem eu* – isso é uma
experiência inigualável, para quem ama e para
quem é amado. No caso dos pais, os amados,
o perigo é que pode viciar. Então os pais,
conscientemente ou não, sabotam o processo
de autonomia de seus filhos, para serem sempre
amados com aquela força do desamparo.
Ao contrário, serão amados com o desespero
de um estrangulado.

Tênue é a fronteira entre a liberdade e o vício.

"Moderninho" é o moderno segundo os que o admiram. "Modernoso" é o moderno segundo os que se ressentem dele.

Escreve-se contra o Outro e para Ninguém. (O "Outro" é o todo da cultura. "Ninguém" são todos de uma perspectiva não empírica.)

Sublinhar livros tem
ao menos três sentidos.
O primeiro é de natureza
pragmática: consolidar
trechos importantes na
memória. Os outros são
de natureza psicológica:
marcar o território, como
um cachorro urina num
poste; e dar a uma atividade
em princípio improdutiva
o salvo-conduto da
produtividade ("eu me
esforcei", "eu trabalhei").

Boa parte dos lacanianos não passaria numa daquelas singelas provas escolares cujo enunciado pede: "Explique com suas próprias palavras."

O pensamento é atrasado: essa é a condição para ele chegar, não *a tempo*, mas *no tempo*.

Uma pessoa que quer ser percebida como
autossuficiente, como alguém sem falta,
pode ser desejável, mas não amável.
O desejo quer o objeto que preencha sua falta;
o amor quer preencher a falta do objeto.

O casamento é o verdadeiro inventor do "juízo
estético desinteressado" de Kant: casados,
podemos ser plenamente conscientes da beleza
do cônjuge – e perfeitamente indiferentes a ela.

O senso comum moraliza. O pensamento, primeiro, *des-moraliza*. Depois de pensar, aí sim, pode avaliar moralmente.

Nada mais raso que a palavra "abismo".

Parábola kafkiana: *Você pode conviver por meses, anos, com um cadáver que fede na sala. Quanto mais o tempo passa, mais ele fede de modo insuportável, até que ele se decompõe tão completamente que para de feder. Você não poderá notar, mas essa segunda morte dele quer dizer que foi você quem morreu.*

*

Thomas Jefferson *revisited*: prefiro os problemas decorrentes do amor aos decorrentes da falta dele.

Quem mais usa jargão é geralmente quem menos o compreende.

Um jurado de concurso literário é um *antileitor*. Um leitor se relaciona, por meio do texto alheio, com suas próprias questões, seus próprios interesses, e é a existência ou não dessa fonte de estímulos o critério primordial de sua avaliação ("é bom ou não é bom *para mim*"). Já um jurado deve se colocar na posição imprecisa – e sobretudo desinteressante – da objetividade, procurando limitar a perspectiva do "para mim", que entretanto é a única que realmente interessa a um leitor. O terceiro termo é a função do orientador, que, nem leitor ("para mim"), nem antileitor ("para o Outro"), é um leitor altruísta ("para o outro") – ou deveria ser.

A agressividade do discurso irônico é no fundo uma defesa: a ironia não é parodiável – dificilmente se torna, ela mesma, objeto de ironia.

A escuta é uma atividade: há pessoas que nada falam e nem por isso têm boa escuta; há outras que têm excelente escuta mesmo falando muito.

Nunca nos relacionamos tão intensamente com uma pessoa como quando acabamos de nos separar dela.

Numa briga de casal, chorar é o recurso
astucioso pelo qual se pode passar de acusado
a vítima, de devedor a credor.

A ciência só deve ter a última palavra sobre
o real, nunca sobre a realidade.

Quanto mais obtuso, mais cheio de certezas.

A "espiritualidade" é um traço indefectível de classe. As camadas populares não são espiritualizadas, são "religiosas". Religião é "coisa de pobre".

A dúvida e a hesitação intelectuais não representam necessariamente falta de clareza cognitiva ou coragem moral para se posicionar com firmeza diante da realidade. Pois muitas vezes a própria realidade não é clara e firme, e sim turva e ambígua. Nesses casos, ao contrário do que se poderia pensar, o estatuto cognitivo da dúvida é justamente a *verdade*, e seu estatuto moral é a *coragem*.

Ser vidraça é o sonho inconfesso da pedra.

Amar com o coração do outro: o triângulo amoroso entre pai, mãe e filho (ou qualquer outra triangulação parental, não importando sexo e gênero dos envolvidos) é a única experiência em que sentimos amor pelo amor que outras duas pessoas sentem entre si. Quando minha filha diz "eu te amo" para minha mulher, sinto como se ambas o estivessem dizendo a mim mesmo. *Nenhum ciúme numa triangulação amorosa*: utopia concreta da experiência parental.

O injusto é incapaz de enxergar a dimensão simbólica de uma situação concreta. Para ele, a ninharia particular nunca será percebida como uma questão fundamental no plano simbólico. O injusto é um intranscendente.

"Inbox pra vc", ou: voyeurismo às avessas. Avisa-se a todos que há um segredo, mas que eles não podem ouvir. É uma manipulação do privado para fins públicos; da intimidade para fins de exclusão; do invisível para fins de inveja.

"Papai, o Lourenço tava com arreia!" Entendi imediatamente: diarreia, claro. Pegando a língua de ouvido, já que ainda não é alfabetizada, minha filha achou que a primeira sílaba da palavra era uma preposição: "Lourenço teve *de arreia*." Os analfabetos em geral têm uma relação não visual com a língua. Ora, é a escrita que estabiliza a morfologia (e libera a semântica); a oralidade produz o contrário, controla melhor os sentidos, mas deixa a língua num estado instável, sempre à beira da poesia.

Crise de meia-idade de um psicanalista: em vez de comprar um Porsche, escreve um romance.

"Você não acha que as novelas brasileiras são tão boas quanto os melhores romances do país?" Não. Não é verdadeira nem desejável a abolição entre alta e baixa arte, mas sim a desconstrução dos preconceitos que teimam em localizar o que é alto e baixo exclusivamente nos espaços sociais e culturais onde eles tradicionalmente são identificados: as elites produziriam alta cultura, as camadas populares produziriam baixa cultura (ou "cultura popular", que para alguns é um critério de condescendência estética ou um repositório da identidade nacional). Mas o que é alto pode estar em qualquer lugar. E o que é baixo também. Há infinitas maneiras de ser alto e ser baixo. Assim, não é que não existam diferenças hierárquicas, mas que a hierarquia é posterior às realizações e independente de origem social ou cultural.

Casamento sem sexo é como internet ruim: conexão fraca.

O "artista" ou a "personalidade pública" que contrata um agente para cuidar de sua imagem assina um contrato com a covardia. Quando se delega a um terceiro as decisões sobre como agir, o que declarar sobre determinados assuntos, como discernir entre o certo e o errado, como se orientar, em suma, na vida pública – quando se terceiriza tudo isso, renuncia-se à vida moral, que não é outra coisa senão se dar o trabalho dos processos morais (as reflexões, o exame das situações, a formação dos juízos morais e as ações decorrentes), tomar as decisões subsequentes e responsabilizar-se por elas. Um sujeito vazio de vida moral: é essa a sua verdadeira imagem. De resto, um tal sujeito, alienado de uma dimensão fundamental da experiência humana, não pode ser chamado de artista, uma vez que a arte é justamente o lugar onde as coisas se desalienam, autenticando-se.

Nada mais previsível que a palavra "risco".

Mais importante que a autoestima é a *alterestima*. Amar a si mesmo é uma consequência de amar o mundo.

Situação clássica da irritação parental: quando os filhos choram "por bobagem". E entretanto isso que é bobagem para nós não o é para eles, uma vez que em suas vidas não há ainda contas a pagar, problemas políticos a decifrar, filhos por educar. Logo, consequência clássica da punição parental: a culpa – dessa vez, justificada.

O problema das teorias conspiratórias é seu excesso de pureza. Os complôs são sempre demasiado racionais, demasiado intencionais. Trata-se de uma espécie de idealismo, onde não há lugar para o acaso, o erro, as imperfeições. A teoria conspiratória é a paranoia promovida a metafísica.

A humanidade moderna atingiu um tal nível de desenvolvimento técnico que sua relação com os animais – matando-os em massa, transformando-os em massa para nos alimentar – se tornou covarde. Mas há um momento em que isso se anula e trava-se uma luta igual entre homem e animal: é de noite, no quarto, quando um pernilongo ronda, zumbindo, os nossos ouvidos e tenta nos picar a pele e drenar o sangue. Aí a luta é moralmente autorizada. A invisibilidade voadora de um contra a inteligência e a força do outro. Mano a mano, Discovery Channel. Eu, que evito matar até formigas, desejo o sangue de um pernilongo como um leão o de um cervo.

Os que querem pairar acima da moral dizem: "Eu não julgo." Mas não se deve simplesmente abdicar da moral (seria um desastre), e sim alargá-la, complexificá-la, torná-la *compreensiva* (nos dois sentidos da palavra: abrangência e entendimento). Logo, eu julgo sim, o tempo todo, mas *compreensivamente*.

Balança da separação: quem dá um pé na bunda arca com a angústia da decisão, a responsabilidade e a culpa (além das ações em baixa no caso de reconciliação); quem toma o pé na bunda leva um tiro no coração do narcisismo (mas também a liberdade que mora no coração do real).

O afeto é desejável nas relações de trabalho se for um suplemento ao cumprimento de todas as obrigações legais. Se se colocar no lugar dessas, é exploração.

Grávidas e famosos pertencem ao seleto grupo dos *íntimos desconhecidos*: sem nunca terem sido apresentados, os membros desses grupos se cumprimentam na rua ou até se tratam como velhos amigos.

Acometido por um torcicolo, chamo um acupunturista, que examina meu pulso e me pergunta se eu estou "pensando demais". Ora, não existe pensar pouco; o pensamento é um fluxo constante. Não é o pensamento, em si, que nos adoece, mas determinadas ideias, que às vezes o colonizam, tornando-o obsessivo, circular, infeliz, passivo. Não é pensar *muito*, e sim pensar *mal* que adoece. Mas pensar pode ser uma atividade alegre, desde que se relacione ativamente, criativamente com o mundo. Não se adoece escrevendo um poema, um ensaio, um livro – a não ser como efeito colateral, como alguém que pode sofrer um estiramento jogando futebol, mas justamente por jogar *demais*, por gostar de jogar.

A celebridade é o efeito da multiplicação da obra. A glória o é de seu aprofundamento.

A segunda coisa mais superestimada do mundo é o sexo.

A primeira é o ménage.

O que é teoria maçante? Aquela em que há aprofundamento sem profundidade. Aforismos são, ao contrário, profundidades sem aprofundamento.

Ninguém é moralmente obrigado a ser herói. A obrigação moral é a de ser justo. A justiça não é uma virtude egoísta (como a inteligência), nem altruísta (como a generosidade), mas sim o equilíbrio entre os interesses particulares e os interesses do outro. Já o heroísmo requer o sacrifício dos interesses particulares em privilégio do outro. A coletividade, que o herói favorece, deve reconhecê-lo e admirá-lo por isso – mas seu parâmetro moral deve ser a justiça, não o heroísmo, que é o seu suplemento extraordinário. Ninguém deve ser moralmente condenado por não ser herói.

Mal-estar de nomeação: como designar a pessoa com quem sou casado? "Minha namorada" não é exato, justamente porque somos casados, temos filhos, e há tempos nos deslocamos da leveza que habita essa palavra. "Minha mulher" tem um ranço machista incompatível com noções de igualdade entre gêneros e zelo pela liberdade do outro. "Minha esposa" soa antigo, careta, empolado. Se digo isso, me sinto como o Teodoro da Dona Flor: pacato, empedernido, e ainda machista. "Minha companheira" soa como se eu estivesse me referindo a uma colega do partido. Que não haja um nome capaz de sair desse mal-estar talvez revele algo sobre a crise do casamento contemporâneo, sobre os impasses dessa forma em relação a nosso tempo. Em suma, nunca sei o que fazer para evitar a perífrase "a pessoa com quem sou casado", que é entretanto a única expressão que não me causa mal-estar – mas causa desconcerto social e me obriga a explicar tudo o que disse acima, o que nem sempre é cabível.

Demanda de análise: quando o nível da angústia passa do nariz.

Um pensador é alguém que nos oferece um modo de ver a realidade, de alguma maneira, como um *todo*. Suas ideias são uma mediação que nos adentra o espírito, confundindo-o com elas, transformando-o nelas. Um ensaísta ou um escritor é alguém que nos apresenta o mundo na sua multiplicidade; mas um pensador é alguém que nos apresenta *a origem* do mundo.

O pensamento é sempre a origem do mundo. Todo verdadeiro pensador (são raros) recomeça o mundo.

A diferença entre o competitivo e o invejoso é que o primeiro quer superar o outro, enquanto o segundo quer anular o outro. O competitivo não *toca*, imaginariamente, no outro. Sua relação é consigo mesmo, apenas se mede por meio do outro. Já o invejoso deseja o lugar do outro, e não um lugar melhor do que o do outro.

O competitivo deseja que o outro exista. O invejoso deseja que não exista. Por isso aquele é vital, e esse é mortífero.

O contemporâneo não é o que está no mesmo tempo. É o que não pode estar em outro tempo.

"Responda bem objetivamente", me pede o jornalista. Essa fórmula pretende ser um eufemismo para "seja breve, porque temos pouco espaço", mas talvez seja mais grosseira. Ela sugere que intelectuais são prolixos, perdem seu tempo (e o dos outros) em digressões supérfluas, quando deveriam ir direto ao ponto. Contudo, o "objetivo" do pensamento não admite tal suposição. Pensar tem um tempo próprio, o tempo que uma questão leva para ser aberta, sendo essa abertura o objetivo do pensamento. E para isso geralmente é preciso, em vez de "ir direto ao ponto", começar por desconfiar do ponto, submetê-lo a perguntas, depois passar por outros pontos e relacioná-los todos.

"Problemática" é toda formulação ignorante dos problemas que implica. É toda formulação baixa, não avançada. Formulações avançadas são aquelas *conscientes* de seus problemas. Problemática, portanto, não é a formulação que "tem problemas" (todas os têm), mas a que não os reconhece (implícita ou explicitamente).

"Você tá chateado comigo?", eis uma frase que só nos pode deixar ainda mais chateados do que provavelmente já estávamos com quem a pronunciou. Sim, porque, em geral, quem faz essa pergunta sabe muito bem que o outro está melindrado, e também o porquê. Se aborda assim o problema, é porque desse modo mina a legitimidade da mágoa do outro, como a dizer: "Se eu nem sei se você está chateado comigo, e menos ainda o motivo, é porque nada fiz para causar essa ofensa, ou o que quer que eu tenha feito é irrelevante e você está *exagerando*." Estratégia, portanto, de duplo efeito: quem a emprega se inocenta e, pelo mesmo lance, tacha o outro de suscetível, paranoico, em suma: não chateado, mas chato.

Muitas vezes a diferença entre o narcisismo e as críticas que lhe são endereçadas é que essas últimas são, além de também narcisistas, ressentidas.

Deitado, zapeando pela TV, paro uns minutos numa novela. Drama de casal. O homem fala: "Eu queria apostar em nós, mas não posso, pois estou dividido, não sei o que fazer." Ora, é precisamente quando não se sabe o que fazer, quando não há condições psicoafetivas para agir com clareza, que se coloca a possibilidade – e a necessidade – de uma aposta. Quando tudo vai bem, quando o desejo está alinhado à situação efetiva, basta seguir o próprio fluxo. Ao contrário, a aposta tem algo de voluntarista e mesmo de irracional. Apostamos quando não sabemos ao certo o que fazer, e esperamos que essa aposta se confirme. No cavalo do jóquei de amarelo, no vermelho 17, na retomada de uma relação interrompida.

Falsa oposição é aquela entre necessidade e desejo. Por exemplo, quando se critica a publicidade, afirmando que ela "inventa desejos" e aliena os sujeitos de suas necessidades. Ora, o sujeito é da ordem do desejo, não da necessidade. Toda crítica feita em nome de supostas necessidades (autênticas) deveria ser feita ainda em nome do desejo. Só que de outros desejos. O problema do capitalismo de consumo não é que ele inventa desejos, mas que ele inventa desejos fracos, pobres, rebaixados.

Inveja-se o gozo, admira-se a virtude. Pode-se invejar um canalha, mas não admirá-lo (a menos que você também seja um).

Diferentemente do que se poderia pensar a princípio, um ego forte não é um ego sólido. Ao contrário, os sujeitos que têm uma relação mais segura com a sua autoimagem são aqueles que a têm leve, arejada, inconsistente, portanto frágil, de certo modo. Estereótipo vem do grego *stereos*, que quer dizer "sólido". Um ego sólido é vulnerável porque depende todo o tempo da confirmação de sua autoimagem. Um ego frágil é, ao contrário, forte, porque não se abala facilmente com os reflexos distorcidos que o outro lhe apresenta. O maior atestado de saúde imaginária é apresentado pelas pessoas que podem rir de si mesmas. Como diria Warhol: *I never fall apart, because I never fall together.*

A expressão "com todo respeito", seguida de um galanteio, é o álibi retórico mais cafajeste da língua portuguesa.

Racionalização é a manipulação psicológica de si mesmo.

"Estudo mostra que [...]", "Pesquisa demonstra que [...]" etc.: quando o objeto em questão não é o genoma dos ratos, e sim qualquer tema que envolva uma dimensão simbólica, geralmente o que temos é uma *carteirada científica*. Esses termos, ao invocarem para si a perspectiva neutra, objetiva, da ciência (e logo sua suposta autoridade), estão, no fundo, realizando a menos neutra das operações: aquela, interessada, que embute no uso das palavras determinados significados e valores, de forma a que não se dê conta dessa construção – em outras palavras, *ideologia*. Com efeito, o discurso científico é o álibi perfeito para a ideologia, pois é o último lugar onde se esperaria encontrá-la.

O espaço público brasileiro pós-junho de 2013 foi da decadência à barbárie sem passar pela civilidade.

Só nos damos conta de nosso envelhecimento diante do espelho, das dores ou do envelhecimento dos amigos. No mais, pensamos ser jovens, ou sem idade. É que a consciência, a partir de onde nos experimentamos, *nunca envelhece* – e cria assim a ilusão íntima de que nós também não.

Paradoxal é a prática de ler o próprio texto para avaliar se está bom. No campo das ideias, "bom" é fundamentalmente o texto que nos surpreende, que nos faz ver as coisas de forma inusual, insuspeitada. Ora, como se surpreender com aquilo que já conhecemos? Assim, quanto mais se relê o próprio texto, buscando avaliá-lo, menos se tem condições de fazê-lo, pois ele já nada surpreende, logo já não pode ser, para nós, enquanto leitores, "bom". Temos então que configurar mentalmente o campo cultural, imaginar o Outro e medir contra ele nossas ideias. Reler-se já não é surpreender-se, mas tentar avaliar a surpresa do outro.

O fetiche de muitos professores é o de ser capaz de fazer, pegando apenas duas ou três frases, uma aula do tamanho do mundo. O do autor de máximas é o de fazer, pegando o tamanho do mundo, apenas duas ou três frases.

Editores muito ativos, que sugerem transformações profundas no texto de um autor, geralmente "melhoram" esse texto. Mas o melhoram no sentido do atingimento de valores padronizados: objetividade, concisão, clareza estrutural, linearidade sintática. Em oposição a esses valores, pode-se entretanto afirmar o valor da diferença, da singularidade, apesar de todos os defeitos aí contidos, ou por causa deles mesmos. Num texto bruto, pleno da voz de seu autor, os "defeitos" são marcas de uma singularidade, e sua presença impura instaura a pureza de sua diferença, perdida em parte com o trabalho de "amelhoramento" do editor.

Na época moderna, desde a decadência do belo, qualquer adjetivo que pertença ao campo da beleza é usado por conveniência preguiçosa. Ao dizermos, diante de uma obra de arte, "que lindo isso", estamos apenas recuando diante do fato de que a escolha de um adjetivo exato já pressuporia, ali mesmo, na hora, toda a elaboração de um juízo estético. Com efeito, a vida social viraria um inferno.

Uma astúcia retórica: inventamos ou exageramos posições adversas à que defenderemos, com o objetivo de valorizar nossa argumentação, fazê-la parecer mais original. Daí os indefectíveis *incipit*: "Hoje todos pensam que", "Costuma-se pensar que" ("mas, na verdade...") etc. É um crime retórico perfeito, já que um fantasma sem nome nunca aparecerá para o desmentido.

A autocrítica é uma forma insuspeitada do narcisismo. Nela não há humildade: quem rebaixa o eu *é ainda o eu*.

Autocrítica ostentação: "Vejam como sou humilde", "Vejam como me rebaixo", isto é, "Vejam como tenho a *grandeza* de me rebaixar publicamente".

É uma marca do mundo burocrático tratar as pessoas pelo sobrenome. O Miranda, o Paiva, o Varela. Mas, corrijo, não as pessoas em geral, e sim apenas os homens. Que as mulheres mantenham seus prenomes nos escritórios – não é isso uma forma de machismo, uma maneira de não as considerar plenamente integradas ao mundo do trabalho? Afinal, o prenome remete sempre a uma dimensão íntima, familial, doméstica. (O melhor caminho não seria chamar as mulheres por seus sobrenomes, mas os homens por seus prenomes: esvaziar a impessoalidade da burocracia.)

Um conselho: "Vocês deveriam voltar." Mas – para onde? Lugares afetivos não são como os geográficos: eles podem desaparecer.

Numa caverna escura no fundo da sua cabeça, dorme um lobo branco. Algumas palavras, algumas situações (sempre as mesmas) o despertam. Quando isso ocorre, ele começa a te atacar furiosamente. Você, então, sem dispor de forças para enfrentá-lo, começa a atacar quem o despertou. Ao fim da carnificina, você está banhado de sangue, assim como quem você julga ter despertado o lobo. O lobo, esse, volta branco e imaculado para a caverna.

Na próxima vez que o lobo despertar, experimente isto: olhe no fundo dos olhos dele. Você se verá criança. Você se verá sofrendo. Enquanto você o olha, o lobo vai se retirando. A criança que ficou não te agride, e você já não agride ninguém. A criança é triste, tão triste que faz você chorar – e o lobo adormecer.

Como identificar um pai meia-boca? É aquele que se orgulha de trocar fraldas – a mais fácil de todas as responsabilidades parentais.

Malhar, em sua dimensão estética, é a maneira mais servil de obter reconhecimento: trabalha-se o corpo para o outro, sem produzir qualquer riqueza subjetiva para si.

O medo que se sente quando o avião sofre turbulência se baseia numa *falsa metonímia*: toma-se instabilidade por queda, quando, na verdade, é quase totalmente improvável uma instabilidade vir a produzir uma queda. Essa metonímia é uma operação temporal: a mente projeta um agravamento da instabilidade (que, numa progressão metonímica, tem como limite a queda), enquanto, no presente, nada indica que a instabilidade se agravará (e, se se agravar, nada indica que se agravará mais). Uma mente capaz de se manter no presente não sente esse medo. Taí uma forma de *meditação aplicada*.

A celebridade é o sujeito suposto gozar.

"São irmãos, foram criados igualzinho, e no entanto são tão diferentes!" Daí evoca-se, para explicar a diferença, a "natureza", a "essência", a "genética" ou qualquer outra palavra que remeta a uma definição anterior à realidade social. E, no entanto, dois ou mais irmãos jamais são criados "igualzinho". Nem gêmeos (talvez sobretudo gêmeos). O amor de cada um dos pais por cada filho é diferente. Dos demais cuidadores, idem. As relações sociais envolvem pessoas diferentes. Cada filho ouve frases diferentes, entonações diferentes, interações afetivas diferentes. Tudo isso forma uma rede simbólica diversa para cada irmão, e é nessa rede que suas personalidades vão se forjando, como respostas, como interpretações dessas redes. Essas realidades simbólicas diversas não desmentem a existência de uma anterioridade diferenciadora (genética) – mas é uma maneira tosca de entender a realidade social de uma família considerá-la como um bloco homogêneo.

Pensar *não é* dar um passo à frente.

A mais bonita das recomendações da língua portuguesa: "Fique com Deus." A mais ambígua: "Se cuida." "Fique com Deus" vem de uma pura generosidade de quem a fala, que deseja proteção ao outro, sem entretanto fazer qualquer juízo a seu respeito. "Se cuida" até pode vir de um lugar bem-intencionado, quando quem a fala tem intimidade com o outro e sabe que ele está com alguma questão delicada, por exemplo – mas pode também vir do lugar perverso de alguém que, dizendo-a, insinua um saber sobre o outro, sobre uma suposta fraqueza sua, e lança a suspeita difusa com esse ar de superioridade tão mal disfarçado quanto a intenção maligna de seu gesto. Por fim, a mais impossível das recomendações: "Aproveite."

Nacionalismo às avessas: um dos adjetivos mais degradantes que usamos é... *nacional*. "Cinema nacional", "vinho nacional" etc. – se é "nacional", é ruim (é propaganda oficial desenvolvimentista de produtos incapazes de competir sem subsídio).

Encontro é acaso, desejo é repetição – mas amor é singular.

Na experiência parental ocorre o desaparecimento do afeto do tédio (a ocupação o extermina, o cansaço o substitui). Mães e pais, nas raras ocasiões em que o tédio lhes aparece, sentem-se *desorientados*, como se estivessem conhecendo um estado afetivo pela primeira vez.

O horror ao sangue (o próprio e o dos outros) é metonímico: desviamos o olhar do que ele nos lembra, isto é, a precariedade do corpo, sua fraqueza, no limite, a morte. Já o fascínio pelos dejetos e excreções do corpo (olhar o próprio cocô, sentir prazer ao tirar uma grande secreção seca do nariz) ocorre pela metonímia oposta: um prazer, mais narcísico que fisiológico, pela purificação do corpo. Aqui a oposição simétrica encontra sua diferença: o horror ao sangue se estende ao corpo do outro (a morte é comum), o fascínio pelos dejetos, não (os nossos nos purificam, os dos outros nos poluem).

Grupos de WhatsApp revelam que há basicamente dois tipos de pessoas: os que preferem ter razão e os que preferem ter amigos.

Estátua de bronze prosaica é uma contradição em termos. Compreende-se o Tiradentes monumental, sobre um alto e imponente pedestal, no centro de uma praça, visto pelos cidadãos numa perspectiva *à la* Rodchenko, contra o infinito do céu. É épico, é de época, mas a forma está perfeitamente de acordo com a visão de mundo. Já as estátuas de bronze atuais, com seu prosaísmo, sua escala natural – Drummond sentado no banquinho, Tom Jobim andando com um violão sobre os ombros –, não conseguem se decidir sobre sua visão histórica de mundo: a ideia de glória e imortalidade (que constitui o gênero estátua pública) bem como o material do bronze apontam para um lado; a escala pedestre e o coloquialismo apontam para outro. No fim das contas, perdem o valor do monumento e ainda traem esteticamente os heróis modernistas que pretendem homenagear. Mil vezes o antigo e altivo General Osório montado em seu cavalo, sobre um alto pedestal de pedra, na praça XV. Tom Jobim fica melhor como nome de parque. E Drummond, de biblioteca.

Férias, para um escritor, significa trabalho voluntário.

Você sabe que está diante de um texto acadêmico quando o autor gasta espaço explicitando o que não poderá fazer por falta de espaço, sendo que textos acadêmicos são geralmente os que não sofrem limitação de espaço.

Só os espíritos verdadeiramente literais se incomodam com a palavra "verdadeiramente" usada em sentido não literal ("ele é verdadeiramente um craque").

Toda uma suposta superioridade crítica das perspectivas negativas sobre o mundo – que é, entretanto, apenas efeito de uma velada economia imaginária: rebaixar o mundo (e a si mesmo) é, para usar a expressão dos antigos retóricos, uma forma de *captatio benevolentiae*, isto é, de atrair para si a benevolência do outro ao não entrar em competição narcísica com ele, ao contrário das perspectivas afirmativas do mundo, que são sempre – lição nietzschiana – antes de tudo uma afirmação da vida de quem as profere. Nesse sentido, diferentemente do que pode parecer a princípio, as interpretações afirmativas (admiradoras, enaltecedoras) do mundo não são provas de narcisismo, antes o oposto, já que despreocupadas da possível antipatia que poderão angariar de leitores rivalitários. Em suma: atenção ao pessimismo vaidoso, que escolhe rebaixar a vida como forma de sustentação do próprio ego.

Definição de gafe: "aquilo de que só lembra quem cometeu."

Separar-se com filhos pequenos é uma experiência singular. Pois todo o sentido de se separar é interromper um processo que se demonstrou inviável. E, entretanto, tendo filhos pequenos, a interrupção não pode ocorrer plenamente. Ao contrário, permanece a ligação justo em seu ponto mais delicado: as crianças. Tecnicamente é um limbo (nem juntos, nem separados), mas na prática é um inferno (separados, porém juntos).

Inveja é sempre *inveja do gozo do outro*. Isso é o que explica o fato de que podemos ter inveja de que o outro possua um objeto – material ou imaterial – que nem sequer desejamos.

Sobre canções de letras estritamente pornográficas, quase sem melodia e com base rítmica apenas repetitiva: nada há de libertário nisso. Ao contrário. A arte é o lugar onde se dá a possibilidade de, pela elaboração formal e o trabalho do sentido, transcender a experiência imediata – e se faz mais urgente e necessária quando essa experiência imediata é precária da perspectiva do simbólico, dominada pela violência, em suma, ameaçada de ser quase reduzida ao real (do corpo, do sexo, da morte). Propor uma arte que reproduza essas condições da experiência imediata esvaziada de simbólico é um emparedamento, não uma expansão. Em vez de enriquecer a experiência por meio da arte, empobrece-se a arte reduzindo-a à experiência. É um preconceito cultural lamentável não ser capaz de perceber a grandeza artística de gêneros e obras que tradicionalmente não fazem parte da "alta cultura"; mas é também um preconceito cultural – uma espécie de relativismo condescendente – considerar que qualquer manifestação deve ser afirmada e valorizada.

A desorganização é a forma burocrática do autoflagelo.

O que é uma relação sexualmente saudável? É aquela em que o casal vê cenas de sexo tórrido na televisão e não se sente constrangido.

Lendo a história da Cinderela para minha filha, me dou conta de seu erro fundamental: o sapatinho de cristal *nunca é único*, pode caber em muitos pés (embora não em todos). O sapatinho perdido na escadaria representa a lógica do desejo, que entretanto opera por padrão e série. Desejaremos e nos apaixonaremos segundo certos modelos, para os quais há vários indivíduos possíveis. É, ao contrário, a lógica do *amor*, que opera por singularidade. Do amor como construção, como duração, como obra – não como encontro. Uma construção é sempre única; e, se bem-feita, pode ser eterna (o que é uma forma de singularizar-se, impedindo a série). Mas por que essa confusão de lógicas na história da Cinderela? Por causa da permanência do valor da paixão, do encontro, de que o sapatinho supostamente único pretende fazer o elogio. E nesse equívoco se perpetua a pedagogia da paixão, da fusão, daquela milenar metade perdida postulada entre gargalhadas por Aristófanes, e da qual Houellebecq chegou a dizer que "intoxicou a humanidade", dando início a uma "incurável nostalgia".

Mesmo o gesto altruísta mais discreto, invisibilizado ao olhar público, é uma exibição do eu – vestido com trajes pavoneados – ao ideal do eu. E que importa?

Assimetria de gêneros: todo aforismo pode ser estendido a ensaio; nem todo ensaio pode ser reduzido a aforismo.

Pessoas apaixonadas costumam jogar com o ciúme, provocando verbalmente a si e ao outro, expondo-se a sentirem ciúmes e confiando que serão logo resgatadas, de modo que a ferida narcísica não chegue a atingi-las. Essa prática é uma versão adulta do *fort-da*, aquele jogo infantil que Freud identificou como o lançar longe um objeto para depois ter o prazer de recuperá-lo. No caso das crianças, um possível sentido do jogo é a elaboração da autonomia (simbolizar o afastamento dos pais). No dos adultos, provavelmente é apenas o prazer da confirmação narcísica ("Sou só sua" etc.). Mas também pode ser a elaboração da *perda* da autonomia: agora há um outro que sempre volta, que já não podemos lançar longe, não há mais *fort* sem *da*. Seja como for, é um jogo típico de casais em início de relação, quando a situação narcísica ainda não está tão consolidada, abrindo espaço para essa movimentação entre a perda (não tão sofrível) e a volta (não tão assegurada – e por isso bastante prazerosa).

Uma falácia: "É um erro trocar de casamento, porque você só vai trocar de problemas, todas as pessoas têm defeitos" etc. Ora, não se troca de casamento movido pela ilusão de que a próxima relação será perfeita, mas sim porque os problemas da atual se tornaram insuportáveis, porque alguma força vital se esvaziou ou se perdeu, porque nesse vazio outro desejo se impôs. Nada disso tem a ver com a ilusão da perfeição, e sim com outras ilusões menos iludidas. O argumento pertinente contra o fim de um casamento é este: trata-se de uma catástrofe, um desastre. Mas também existem as catástrofes lentas, progressivas e silenciosas. Se for para morrer, melhor morrer pela vida.

Exibir-se e promover-se é uma vitória na economia social do reconhecimento (não em todas as formas de exibição, é claro). Mas não o fazer – quando imaginam que se poderia – é uma vitória maior ainda: maior que lutar e ganhar é *não precisar* lutar. Isto é, na verdade, exibir e promover essa própria *nonchalance* narcísica: no narcisismo, a cobra sempre acaba mordendo sua cauda.

Voar. O desembarque remoto é um coito interrompido. O *finger* é o melhor lugar do aeroporto. Secador de mãos: uma excelente má ideia. "Assento conforto" é o capitalismo raspando o tacho (no caso, você é o tacho). Aqui se encontram as mais despropositadas filas do mundo (para entrar no avião – se você não tem mala de mão – e para sair dele, se você é dos que se levantam imediatamente após o pouso).

Um registro insuportável: o óbvio moralizado.

Suma dos 40 anos: os problemas vão se tornando maiores, mas a capacidade de lidar com eles, também.

Na TV, o jornalista defende, a respeito de um processo judicial, que "os fins justificam os meios". Ora, eis uma máxima que trai o sentido da justiça em seu cerne, uma vez que é a correção dos meios que garante que se saiba, ao final deles, e apenas aí, quais são os fins.

A situação pós-separação é a única em que a possibilidade de se (re)fundar uma relação está, em primeiro lugar, na construção da *indiferença*.

Quanto mais racionalidade, mais racionalização. Mais recursos se tem para enganar a si próprio.

A ansiedade é um afeto espaço-temporal: o sujeito ansioso vive psiquicamente alguns passos à frente do presente, num futuro hipotético. Essa pré-ocupação pode ter objeto definido, mas pode ser apenas uma sensação difusa, uma compressão do presente que se traduz em compressão física do peito – do *ar* – e da disponibilidade mental. A ansiedade é um déficit de presença. Um modo infeliz de antecipar o futuro (pois há os modos felizes: a esperança, o devaneio, o projeto).

Diferença entre o ansioso e o distraído: esse último está *em outro lugar, no mesmo tempo*; aquele está *em outro lugar, em outro tempo*.

É compreensível que, em certas situações, os pais recorram ao tradicional bordão "porque sim". A mistura de enfado, autoritarismo e tautologia da expressão é justificada pela dificuldade, senão impossibilidade, de que acaba por resultar. No restaurante do museu, ouço o pai dizer à filha de uns 5 anos que, após o almoço, eles veriam a exposição em cartaz. Ao que ela objeta sua falta de vontade; o pai replica observando que isso "é importante"; a filha treplica indagando "por quê?" – e o pai, refestelado e passando o cartão na máquina, encerra a argumentação: "porque sim." Solidarizo-me imediatamente, pois percebo o problema. As razões pelas quais a arte é importante são tais que não podem ser explicadas a uma criança sem um tremendo esforço de, digamos, *tradução etária*. Crianças pequenas não têm repertório cognitivo suficiente para compreender certos valores, e isso exige dos pais um *esforço suplementar* de explicar esses valores nos termos da capacidade infantil (pois já é um esforço explicar esses valores para si mesmo). Diante da tarefa, e estando a culpa enfraquecida pela boa ação educadora, vencem o cansaço e o bordão senhorial: "porque sim." Ponto final.

"Letramento racial": uma expressão dogmática (mesmo autores e autoras negros não identitários estão excluídos da bibliografia desse "letramento"). Ouço essa expressão e vejo imediatamente o remake contemporâneo, felizmente mais brando, dos livrinhos vermelhos da juventude maoista na revolução cultural.

O sustentáculo do casamento no século XX foi o adultério; no XXI, é a Netflix.

O gênero autoajuda tem como nome precisamente o oposto do que é de fato, ao menos em sua pior versão. Nela, as formulações encontradas – "O universo conspira a seu favor" etc. – são justamente as que eximem o leitor de um engajamento num processo mais pessoal de interpretação da realidade, de testar na experiência concreta (único lugar da prova dos nove) as perspectivas oferecidas, em suma, de se valer de um discurso para, por um caminho próprio e sempre exigente, procurar aperfeiçoar-se. A verdadeira autoajuda são os discursos como os da literatura, filosofia, psicanálise etc., diante dos quais o sujeito não pode se alienar de um processo pessoal – longo, complexo, e por isso mesmo transformador.

Nenhum sentido é ruim. Algum sentido é bom. Muito sentido é demais.

Não ser arrogante a ponto de desconsiderar críticas, mas não ser ingênuo a ponto de desconsiderar os contextos imaginários de onde elas provêm.

O que é entretenimento? O que não coloca o sujeito *em questão*.

**A publicidade se relaciona
com o que o sujeito é;
a arte, com o que pode ser.**

Moral do réveillon: quem gozar menos é mulher do padre.

É muito comum ouvir pessoas se perguntando sobre se devem ou não ter filhos, e situando sua dúvida no medo da falta de liberdade que os filhos acarretam. Elas pensam: "Mas se eu tiver filhos não poderei fazer isso e aquilo, porque terei que estar cuidando deles." Há, entretanto, um erro nesse raciocínio: o eu que hoje não tem filhos, e que gosta de fazer tais e tais coisas, não será o mesmo eu que os terá. E isso, por sua vez, transforma, por assim dizer, o objeto da liberdade: ao termos filhos, eles passam a ser para nós o objeto supremo de nossos desejos, logo cuidar deles não representará para nós uma falta de liberdade (não desejaremos mais, da mesma maneira, as tais e tais coisas que desejávamos antes), mas sim sua realização em ampla medida. No fundo, parece que a liberdade hoje tende a ser pensada a partir da lógica do capitalismo de consumo: quanto mais possibilidades, melhor. Mas não: a lógica da liberdade é a da adequação do desejo à possibilidade de sua realização.

A inveja está para o ressentimento como a raiva está para o ódio: os primeiros termos (inveja, raiva) são pontuais, circunstanciais; os segundos viraram *pedra*.

Esquizofrenia política dos movimentos identitários: de um lado, um *apelo* à instância moral de cada sujeito: "abaixo o racismo", porque o racismo é imoral, "abaixo o machismo", porque o machismo é imoral (ferem o princípio da igualdade) etc. De outro, uma *anulação* da instância moral de cada sujeito: só "nós", pertencentes a grupos subalternizados, podemos falar, porque os privilegiados necessariamente defenderão os interesses de sua posição estrutural (homem, branco, hétero etc.).

Não são apenas os nossos defeitos que precisamos aprender a controlar. São também as nossas virtudes.

No fim das contas, não há o fim das contas.

Pessoas de competência mediana
arrasando pessoas de competência nítida e
notoriamente superior (em que pesem eventuais
erros, limitações ou perspectivas controversas
dessas últimas): uma mistura de arrogância,
injustiça (moral), imprecisão (cognitiva) e
falta de semancol.

A maior tentação do intelectual costumava ser o poder – agora é o narcisismo. Os intelectuais traíam seu compromisso com a interpretação honesta da realidade por se engajarem em projetos políticos e serem bafejados com as benesses do poder do Estado. Agora, traem-no por se engajarem em lógicas de grupo e serem bafejados com as benesses imaginárias do pertencimento.

Crítica de arte *win-win*: "gostei", "não gostei" de tal filme, tal livro etc.: isso não é o mais importante. O mais importante é *saber ver o que está em jogo*. Desse modo, mesmo que você não goste da obra, gostará de suas próprias ideias a respeito dela.

Da série coisas que só se pode responder com um xingamento: "É pro seu bem."

Paradoxo da paternidade: não ter tempo para trabalhar – quando o trabalho é geralmente a causa de não ter tempo para qualquer outra coisa.

Grupos políticos de WhatsApp: nem conversa entre amigos, cujo fundamento é o afeto; nem organização institucional, cujo fundamento é a efetividade. Nem afeto, nem ação. E nem alto rendimento intelectual, pois o meio não é convidativo a maiores aprofundamentos. A única coisa certa sobre esses grupos é que é impossível sair deles sem passar por egoísta, alienado e arrogante. Solução de compromisso: silenciar por um ano e aproveitar a primeira leva de saídas (felizmente esses grupos têm vida curta) para pongar no bonde.

A clemência é a única *virtude vil*, pois pressupõe o acesso a um poder desmedido, que a suposta generosidade do clemente jamais chega a tornar legítimo. Não por acaso, trata-se de uma virtude em desuso: é antidemocrática, típica de regimes tirânicos.

Há dois tipos de intelectual. Um deles parte de determinada premissa e faz todo o possível para confirmá-la: compendia apenas argumentos e evidências que lhe são favoráveis (método *cherry-picking*), lê os argumentos adversários de má vontade (quando não de má-fé), realiza um percurso cognitivo e expositivo em linha reta, decidida, opaca. O outro tipo parte de determinada premissa, mas desde sempre a expõe ao contraditório, procura ler tudo sustentando uma posição cognitiva, *a priori*, de suspensão do juízo (de modo que aí não se pode falar, *a priori*, de argumentos adversários), realizando um percurso cognitivo e expositivo mais dialético, mais tenso, mais poroso. Por esses poros, o *outro* – qualquer que seja o outro – consegue respirar.

Antes da politização – melhor dizendo, da moralização – sistemática da vida social, a fala intelectual pública era caracterizada e apreciada por ser uma demonstração e transmissão de conhecimento. Uma palestra, uma mesa tinham natureza intransitiva: um ritual autossuficiente de transmissão de certo saber, com os afetos que são próprios a essa experiência (alegria, angústia, tédio...). Agora, o registro principal da fala pública é a demagogia: repetem-se clichês, sempre em tom de repúdio moral, com a convicção de que o consenso angariará estima. O conhecimento se tornou de valor ambíguo: quando professado por pessoas de traços identitários reconhecidos como minorias, é valorizado; quando professado por homens-brancos-héteros etc., é olhado com desconfiança, por associação ao privilégio. Finalmente, substitui-se a intransitividade do saber por uma pseudotransitividade, no fundo quase absolutamente improdutiva: performa-se um discurso de transformação social em ambientes destituídos dessa capacidade. Em suma: o verdadeiro sujeito da fala pública era impessoal – o conhecimento – e o narcisismo ficava em segundo plano. Agora é o contrário.

"Viés de confirmação": narcisismo cognitivo.

"Tradução livre" – traduzindo:
tradução preguiçosa.

O salvacionista precisa salvar a si mesmo – mas por meio dos outros.

A complexidade é a dúvida em estado afirmativo.

Por mais desolado, por mais interminável, o ato de chorar de um bebê é totalmente desmoralizado. É puro estresse, pura exasperação. É como se ligassem uma britadeira no seu quarto. Ninguém tem culpa. Obra é obra.

O maior amor dos ensaístas não é o argumento;
é o *itálico*.

O mais duro na derrota da nossa seleção numa
Copa do Mundo é que o torneio continua.
Quando morremos, o mundo também continua
– mas nós não *vemos* isso acontecer. Na Copa,
morremos e permanecemos conscientes, com
os olhos abertos. É a indiferença como
espetáculo.

O grande problema da militância contemporânea é o fato de ela ser uma militância digital: ela se exerce em um meio onde a visibilidade do militante é maior que a visibilidade da causa. O verdadeiro objeto da militância costuma ser o militante. *Apaguem-se as luzes*; quem continuar na luta tem o meu respeito.

Há duas maneiras de se sentir ofendido por alguma afirmação contra você: a) quando a afirmação é falsa – nesse caso, o sentimento consequente é de injustiça; e b) quando a afirmação é verdadeira – nesse caso, o sentimento é de vergonha (mesmo que nos esforcemos para não o reconhecer assim e o transformar em injustiça: no fundo do autoengano, como um peixe se debatendo fora d'água, estará a vergonha).

"Desculpa qualquer coisa": como se responsabilizar irresponsavelmente.

Diante da solicitação do dever escolar – "Qual o seu livro preferido?" –, meu filho, aos 8 anos, me diz: "Você sabe que eu não gosto muito de ler, né?" Considero a maior declaração de amor que já recebi dele. Um pai tende a ser uma figura intimidadora para uma criança pequena. Um filho que se sente seguro de dizer ao pai que não gosta muito do que ele faz (no meu caso: ler, escrever) é um filho que não se sente intimidado pelo pai. Que sabe que será amado para além do narcisismo do pai. E amar para além do narcisismo é sempre um desafio difícil e a forma mais libertária do amor (para ambas as partes).

Este livro: nenhuma utilidade, nenhum saber científico. Sua legitimidade: o prazer do leitor, um prazer desinteressado. Um livro, portanto, em desuso, em todos os sentidos da palavra.

CIP-BRASIL. CATALOGAÇÃO NA PUBLICAÇÃO
SINDICATO NACIONAL DOS EDITORES DE LIVROS, RJ

B753m   Bosco, Francisco
            Meia palavra basta / Francisco Bosco. - 1. ed. -
            Rio de Janeiro : Record, 2024.

            ISBN 978-85-01-92158-1

            1. Pensamentos. 2. Aforismos e apotegmas. I. Título.

24-87960   CDD: 808.887
                         CDU: 82-84

Meri Gleice Rodrigues de Souza - Bibliotecária - CRB-7/6439

Copyright © Francisco Bosco, 2024

Projeto gráfico: Alles Blau
Imagem de capa: Antonio Lee, *Fragmentos de civilizações perdidas*, 2020, acrílica e óleo sobre tela, 100 x 170 cm.

Todos os direitos reservados. Proibida a reprodução, armazenamento ou transmissão de partes deste livro, através de quaisquer meios, sem prévia autorização por escrito.

Texto revisado segundo o Acordo Ortográfico da Língua Portuguesa de 1990.

Direitos exclusivos desta edição reservados pela
EDITORA RECORD LTDA.
Rua Argentina, 171 – Rio de Janeiro, RJ – 20921-380 – Tel.: (21) 2585-2000.

Impresso no Brasil

ISBN 978-85-01-92158-1

Seja um leitor preferencial Record.
Cadastre-se no site www.record.com.br
e receba informações sobre nossos
lançamentos e nossas promoções.

Atendimento e venda direta ao leitor:
sac@record.com.br

Este livro foi composto na tipografia Fraunces,
em corpo 10/15, e impresso em papel off-white
na Gráfica Cruzado.